Emailing Qui Vend:
42 Minutes Pour Devenir Riche Avec Votre Mailing List En Décuplant Vos Taux D'Ouverture Et Ventes Comme Un Pro De L'Email Marketing.

Copyright © 2015, Remy Roulier

TABLE DES MATIÈRES

INTRODUCTION.

Bienvenue dans cette formation qui va vous élever au rang des 1% des meilleurs spécialistes de l'email marketing.

Elle va vous permettre d'apprendre à contrôler et cultiver votre mailing list afin d'en extraire le maximum d'argent possible et propulser les taux d'ouverture de vos emails à des niveaux que vous n'avez très certainement encore jamais obtenus.

Vous allez ainsi voir comment facilement transformer les inscrits à votre mailing liste en véritables vaches à lait auxquelles vous pourrez vendre à répétition, tout en les faisant devenir des amis loyaux et des fans.

Les stratégies que vous allez ainsi découvrir dans cette formation vont littéralement vous donner le pouvoir d'imprimer de l'argent à la demande à chaque fois que vous le voulez.

Voici tout ce que vous allez apprendre en cinq modules qui vont vous guider de manière chronologique, en pas-à-pas :

Module #1
Dès la fin de ce premier module, vous allez construire un véritable portrait robot de votre prospect idéal moyen.

Vous allez identifier son plus grand désir, son plus grand problème, et la manière dont vous pouvez l'aider le plus efficacement possible dès maintenant.

Vous allez également dresser une représentation détaillée du profil type de votre prospect idéal avec l'exercice de l'empathie instantanée.

En connaissant parfaitement le profil physique et psychologique du prospect idéal moyen inscrit à votre mailing list, vous allez ainsi améliorer la qualité de votre communication.

Vous allez ainsi engager davantage vos inscrits car ils vont se sentir réellement concernés, en comparaison des emails généraux qui s'adressent à une vaste mailing list sans visage et sans âme.

Une fois que vous aurez défini avec précision le profil type de votre prospect idéal moyen, vous pourrez alors passer au deuxième module.

Module #2
Le deuxième module va vous faire découvrir la méthode du parrain, qui est une stratégie générale qui va vous permettre de transformer vos inscrits en clients à répétition et en amis loyaux.

Vous allez ainsi réussir à maintenir chez eux en permanence un niveau élevé de bonne volonté et de désir d'acheter.

Ce principe va servir de base aux modules suivants.

Module #3

Dès la fin de ce troisième module, vous connaîtrez l'émotion la plus importante à faire ressentir à vos inscrits et qui va déclencher leur décision d'acheter vos produits ou services.

De la même manière, les modules suivants vont se baser sur cette connaissance pour mettre en place les stratégies que vous allez découvrir.

Module #4
Dans ce quatrième module, vous allez voir en détail comment mettre en place votre stratégie d'emailing.

Vous allez pour ça utiliser un ensemble de techniques qui vont vous permettre de monter tout un système de promotion et de distribution de contenu afin d'obtenir des résultats redoutables en termes de taux d'ouverture et de ventes.

Vous verrez ainsi comment utiliser la technique du résultat en avance pour créer chez vos inscrits la conviction que votre produit ou service est le bon pour eux et un désir d'acheter extrêmement puissant.

Vous verrez également comment structurer et planifier vos contenus pour délivrer une haute valeur ajoutée à vos inscrits et faire passer vos messages de promotion "sous le radar", avec la méthode CCPC.

Vous créerez ainsi un sentiment de réciprocité immense chez vos inscrits qui souhaiteront vous rendre la pareille en achetant vos produits.

Votre démarche n'aura ainsi plus rien à voir avec ce que fait la grande majorité des gens qui se contentent de bombarder leurs inscrits de messages promotionnels, et se demandent ensuite pourquoi ils n'ouvrent plus leurs emails et n'achètent plus leurs produits.

Enfin, vous verrez le moyen ultime et le plus efficace de délivrer ce contenu à vos inscrits grâce à la technique du triangle de confiance.

A ce stade, vous saurez déjà parfaitement comment contrôler et cultiver votre mailing list.

Vous saurez transformer vos inscrits en fans, maximiser vos taux d'ouverture et tirer un maximum d'argent de vos inscrits.

Cette formation pourrait s'arrêter là, mais vous allez voir dans un dernier module comment mettre en place en détail une campagne redoutable en termes de résultats, appelé la campagne du boomerang.

Module #5
Dans ce cinquième et dernier module, vous allez mettre en place une campagne qui va se baser sur tout ce que vous avez vu jusqu'à présent.

Cette campagne est le modèle exact et détaillé utilisé par les marketeurs mondiaux les plus talentueux tels que Franck Kern.

Elle leur permet de littéralement générer plusieurs millions d'euros à chaque fois qu'ils la mettent en place.

Elle va vous permettre d'extraire un maximum d'argent possible de votre mailing list, tout en créant un niveau de bonne volonté, et un engagement en termes de taux d'ouverture et de taux de clics inégalé chez vos inscrits.

A la fin de cette formation, vous serez devenu un véritable pro de l'email marketing et posséderez les mêmes connaissances que les 1% des marketeurs qui génèrent de véritables fortunes avec leur mailing list.

Mieux que tout, l'approche pratique et pas-à-pas de cette formation va vous permettre de maîtriser tout ça en environ 42 minutes, le temps approximatif qu'il vous faudra pour en consommer l'information.

Commençons tout de suite avec le module 1.

MODULE #1: DÉFINISSEZ VOTRE PROSPECT IDÉAL.

Ce premier module va vous montrer comment définir votre prospect idéal moyen.

L'idée va être d'avoir la connaissance la plus précise et fidèle possible de votre prospect idéal moyen.

La définition de ce prospect idéal moyen va servir à représenter en une seule personne l'ensemble de votre mailing list, afin de lui donner un nom et un visage pour ne plus vous adresser à elle de manière impersonnelle.

Ce travail est primordial pour changer radicalement la manière de vous adresser et de communiquer avec votre mailing list.

En connaissant parfaitement le profil type de votre prospect idéal moyen, vous vous adressez de manière à ce que les inscrits à votre mailing list se sentent profondément touchés et concernés, plutôt que de continuer à faire des messages vagues et sans âme qui ne s'adressent à personne en particulier.

Vous obtenez ainsi un engagement qui n'a plus rien à voir en termes de taux d'ouverture de vos emails, et en termes de taux de conversion lorsque vous leur proposez des produits.

Voici les étapes de ce module qui vont vous permettre de définir le prospect idéal moyen de votre marché de niche.

Dans une première partie, vous allez découvrir comment identifier son plus grand désir.

Une deuxième partie vous montrera comment identifier son plus grand problème.

Une troisième partie vous montrera comment vous pouvez aider votre prospect idéal moyen dès maintenant.

Une quatrième partie vous permettra de dresser un véritable portrait robot de votre prospect idéal moyen, afin d'avoir une représentation visuelle du profil type de personnes qui composent votre mailing list.

A la fin de ce premier module, vous aurez donc complètement défini le profil type de votre prospect idéal moyen qui sera la représentation en une personne de l'ensemble de votre mailing list.

I.1- Identifiez le plus grand désir de votre prospect idéal.

Le but de cette première étape va être de déterminer le plus grand désir unique que possède votre prospect idéal.

Chaque personne a en effet, de manière plus ou moins consciente, deux niveaux de désir qui ont chacun leur importance.

Le premier niveau de désir est le désir de surface qui est superficiel.

Le deuxième niveau est le désir profond qui est le noyau, la motivation profonde.

Par exemple, si vous êtes dans le marché de niche du marketing Internet, le désir de surface de votre prospect idéal va être de gagner plus d'argent.

Mais ce désir n'est que superficiel, et il ne constitue pas la raison profonde, la motivation vraiment enfouie pour laquelle la personne veut plus d'argent.

Le moyen de déterminer ce désir profond pour votre marché est de faire comme si vous étiez votre prospect idéal et de répondre à cette question :

"Si seulement je pouvais..."

Ainsi, pour la personne moyenne dans le marché du marketing Internet, en particulier si elle débute, la réponse à cette question sera la grande majorité du temps :

"Si seulement je pouvais gagner assez d'argent pour quitter mon travail."

Ou :

"Si seulement je pouvais quitter mon travail."

Cela constitue le plus grand désir profond de ce type de prospects.

En effet, les gens qui sont dans cette niche du marketing Internet ne veulent plus subir cette vie de devoir se lever le matin pour faire des choses qu'ils ne veulent pas.

Une fois que vous avez la réponse à cette question du plus grand désir profond, vous allez essayer de la synthétiser en un seul mot.

Dans cet exemple précis, ce mot unique est la **liberté**.

En effet, la chose la plus importance que souhaitent les gens de cette niche est la liberté.

En disant qu'ils veulent quitter leur travail, ces personnes veulent en fait dire :

"Si seulement je pouvais être libre de cette obligation de passer huit heures par jour à faire quelque chose dont je n'ai pas envie de faire et pouvoir enfin avoir la vie dont je rêve vraiment, sans perdre mon temps à réaliser les rêves d'un autre en échange d'un chèque me donnant juste de quoi manger."

Ainsi, lorsque vous essayez de déterminer le plus grand désir de votre prospect idéal, vous devez être conscient aussi bien de son désir de surface que de son désir profond.

Pour le prospect moyen de la niche du marketing Internet dont on vient de parler, le désir de surface est d'avoir plus d'argent, et le désir profond est la liberté.

Il est fondamental de connaître ça.

Vous allez ainsi pouvoir non seulement déterminer la meilleure manière d'attirer vos prospects sur votre mailing list et de communiquer avec eux, mais aussi les aider de la meilleure façon possible pour les amener rapidement à devenir des clients.

I.2- Identifiez le plus grand problème de votre prospect idéal.

La deuxième partie consiste à identifier le plus grand problème des prospects idéaux de votre marché.

En reprenant l'exemple du marché du marketing Internet, le plus gros problème des prospects de ce marché est la **surcharge d'information**, qui les a empêchés de vraiment pouvoir commencer.

En effet, les gens voient tellement de programmes divers et variés pour réussir à gagner de l'argent sur Internet et atteindre l'indépendance financière qu'ils ne savent plus lequel choisir ni par quoi commencer.

Du coup, ça les mène à un état de stagnation dans lequel : soit ils n'essaient rien du tout, soit ils changent sans cesse de stratégie sans jamais aller au bout d'une d'entre elles.

L'idée ici n'est pas de chercher à deviner quel est leur plus grand problème, mais de vous baser sur l'expérience que vous avez de votre marché de niche pour savoir réellement quel est ce plus grand problème.

En effet, vous ne pouvez pas servir ni aider vos prospects correctement si vous ne les connaissez pas du mieux possible.

Ainsi, si vous avez une mailing list, profitez-en pour demander à vos inscrits quel est leur plus gros problème au travers d'un questionnaire de deux ou trois petites questions.

La plupart des gens seront ravis de répondre et de se sentir impliqués.

Si vous n'avez pas encore construit de mailing list, allez dans ce cas sur les forums liés à votre thématique et lisez les échanges pour trouver quel est le plus grand problème de votre marché de niche.

(Note : vous pouvez également faire cette même démarche pour identifier leur plus grand désir, si vous ne le connaissez pas pour répondre à la première partie de ce module.)

I.3- Demandez-vous comment vous pouvez les aider dès maintenant.

Maintenant que vous avez déterminé le plus grand désir et le plus grand problème de votre prospect idéal, le but va être de vous demander comment vous pouvez l'aider dès maintenant à aller de là où il se trouve actuellement vers là où il veut arriver au final.

En prenant son point de départ de la situation dans laquelle il se trouve actuellement, vous allez maintenant déterminer un certain nombre d'étapes clés qui vont lui permettre de manière chronologique à atteindre par paliers la situation finale dans laquelle il souhaite se trouver.

Par exemple dans le cas du marketing Internet, la personne part d'une situation dans laquelle elle dépend financièrement et temporellement d'un patron, et souhaite aller vers une situation finale dans laquelle elle est totalement indépendante financièrement et libre d'utiliser son temps comme elle le veut.

Vous allez donc jalonner ce parcours entre la situation initiale et finale d'étapes clés pour atteindre la situation finale de manière chronologique.

Par exemple, la première étape à mettre en place sera d'avoir un site web avec une page de capture opérationnelle.

La deuxième étape sera de générer du trafic ciblé sur ce site web, la troisième de bâtir mailing list et la fidéliser, et la quatrième de vendre des produits à cette liste.

Prenons un autre exemple en considérant un célibataire qui cherche à trouver l'amour.

Sa situation initiale est donc le fait qu'il soit célibataire et la situation finale est qu'il souhaite rencontrer une femme pour trouver l'amour.

Vous allez comme pour l'exemple précédent jalonner ce parcours d'étapes intermédiaires qui vont le mener pas-à-pas et de manière chronologique vers la situation finale dans laquelle il veut se trouver.

Par exemple, la première étape peut consister à apprendre à aborder une femme, la deuxième à parler avec elle, la troisième à lui demander son numéro de téléphone, la quatrième à réussir un rendez-vous, etc.

Une fois que vous aurez jalonné tout le parcours de votre prospect idéal avec les étapes clés qu'il doit franchir de manière chronologique pour arriver là où il veut, votre mission va consister à prendre la toute première de ces étapes afin de pouvoir l'aider tout de suite, immédiatement.

Ainsi, en vous demandant quelle est la meilleure chose que vous puissiez faire ou donner à votre prospect idéal pour l'aider le plus efficacement possible dès maintenant, vous pourriez par exemple dans le cas du marché du marketing Internet décider de lui offrir une formation sur comment créer un site web et mettre en place une page de capture.

Dans le cas du célibataire, la meilleure chose pour l'aider immédiatement serait de lui apprendre à aborder une femme, qui est la toute première étape qui constitue un blocage pour lui.

Reprenez maintenant votre marché de niche et tracez une ligne avec la situation initiale où votre prospect idéal se trouve, et la situation finale dans laquelle il souhaite arriver.

Puis, jalonnez de manière chronologique les étapes qui lui seront nécessaires à effectuer pour aboutir à la situation finale et prenez la toute première de ces étapes.

En prenant la toute première de ces étapes, vous avez ainsi la réponse à la question de savoir comment vous pouvez aider dès maintenant votre prospect idéal.

I.4- Dressez le portrait robot de votre prospect idéal moyen par l'exercice de "l'empathie instantanée".

Une fois que vous connaissez le plus grand désir et le plus grand problème de votre prospect idéal et que vous savez quoi faire pour l'aider immédiatement, l'étape suivante consiste à vous créer une représentation visuelle la plus précise possible de lui.

En effet, le but n'est pas de parler à votre mailing list comme s'il s'agissait d'une masse de personnes neutre et sans âme, mais plutôt de lui parler comme s'il s'agissait d'une seule personne qui représente la totalité de la liste.

Vous devez savoir que l'ensemble des personnes d'un même marché ou d'une même niche peut être représenté par une sorte de profil type, de portrait robot qui symbolise exactement le prospect idéal moyen de ce marché ou de cette niche.

En représentant visuellement le plus précisément possible le prospect idéal moyen de votre marché ou de votre niche, vous allez créer instantanément de l'empathie et ainsi pouvoir avoir une communication beaucoup plus efficace et pertinente qui va toucher les gens de votre mailing list car ils vont se reconnaître dans ce profil type.

Bien entendu, vous n'allez pas uniquement chercher à deviner le portrait robot de votre prospect idéal moyen.

Vous allez au contraire vous baser sur l'ensemble de votre expérience que vous avez dans votre marché pour le dresser.

Si vous n'avez pas encore cette expérience, vous en aurez besoin pour dresser ce portrait robot.

Cela dit rassurez-vous, vous n'avez pas besoin de plusieurs années pour acquérir cette expérience mais simplement de deux ou trois jours maximum.

Il vous suffit d'aller sur un maximum de forums de votre niche, de voir les échanges qui se font, les problèmes des gens, leur situation personnelle et professionnelle, leur nom, etc.

Regardez également tous les produits qu'ils achètent généralement.

Lisez les commentaires laissés sur ces produits et regardez le profil des personnes qui les achètent et quelles sont les personnes qui vendent ces produits.

Récoltez un maximum d'informations pour dresser le portrait robot de votre prospect idéal moyen de la manière la plus précise et la plus fidèle à la réalité.

Voici maintenant les différents aspects nécessaires à connaître pour dresser un portrait robot complet de votre prospect idéal moyen, avec l'exercice de l'empathie instantanée :

Prénom.

Donnez un prénom à votre prospect idéal moyen.

Genre.

Indiquez si votre prospect idéal moyen est un homme ou une femme.

Age.

Indiquez son âge. L'âge est important car vous n'allez pas vous adresser de la même manière à une personne qui a 75 ans et à une autre qui en a 19.

Apparence.

Quelle est l'apparence de votre prospect idéal moyen. Quel type de vêtements porte-il et de quelle couleur ? Met-il des t-shirts ou plutôt un costume et une cravate ? Quel poids et taille fait-il ? A-t-il des kilos en trop ?

Profession.

Chaque marché ou niche va avoir un groupe de personnes qui travaillent majoritairement dans un certain type de métier ou de domaine, et à une certaine échelle professionnelle.

Par exemple, beaucoup de personnes qui se trouvent dans le marché de niche du marketing Internet et qui cherchent à gagner de l'argent en ligne à côté de leur travail ont une position de salarié et travaillent dans les bureaux devant un ordinateur.

Autres.

Quelles sont les autres caractéristiques qu'ont les prospects de votre niche ? Sont-ils mariés, célibataires, divorcés ? Ont-ils des enfants ou grands-enfants ?

Ont-ils quelque chose en commun qui peut les rapprocher, comme par exemple un intérêt commun, un statut familial commun, une épreuve commune surmontée comme vaincre une maladie, etc.

Exemple d'application de l'exercice de l'empathie instantanée.

Prenons maintenant un exemple d'application en dressant le portrait robot du prospect idéal moyen du marché de niche du marketing Internet :

"Le prospect idéal moyen du marché du marketing Internet s'appelle Pierre.

Il s'agit d'un homme de 45 ans qui a une dizaine de kilos en trop, et qui porte une chemise blanche à manches courtes et un pantalon kaki.

Il travaille dans une société d'assurances et gagne moins de 30000 euros par an.

Il est marié à une femme qui le traite régulièrement d'idiot à essayer de gagner de l'argent sur Internet, et a deux enfants qui le rendent fou la plupart du temps."

Vous voyez que vous pouvez facilement faire une description très précise du profil type de votre prospect idéal.

Dressez maintenant le portrait robot du prospect idéal moyen de votre marché de niche.

Encore une fois, si vous n'avez pas une connaissance suffisante de votre niche, faites une recherche préalable sur les forums, les types de produits achetés, les commentaires sur ces produits, les types de gens qui vendent et qui achètent ces produits, etc.

Ceci est très rapide à faire et vous permettra d'avoir le portrait robot le plus proche possible de la réalité.

Ceci termine ce premier module.

Vous avez désormais défini avec précision et fidélité un portrait robot de votre prospect idéal.

Vous connaissez son plus grand désir, son plus grand problème, et vous savez exactement quoi faire ou quoi lui donner pour l'aider immédiatement à aller là où il veut aller.

Maintenant que vous avez donné un visage, un nom et connaissez parfaitement la vie, ce qui fait vibrer et pose problème à votre prospect idéal moyen, vous allez radicalement changer la qualité de communication avec votre mailing list.

En effet, vous ne parlerez plus de manière vague à une masse de personnes sans nom et sans visage dans vos emails, mais plutôt de manière personnalisée à une personne qui représente parfaitement l'ensemble de la liste.

Lorsque vous écrirez vos messages, les inscrits de votre liste vont alors se reconnaître personnellement car vous connaîtrez tout d'eux, de leur vie, de leurs désirs, de leurs problèmes.

Ainsi, retenez que votre priorité numéro 1 durant le reste du temps où vous ferez du marketing d'email sera d'aider à obtenir ce que veut la personne que vous avez définie dans ce module comme étant votre prospect idéal moyen.

C'est absolument fondamental pour votre réussite.

Si vous faites ça, vous allez bâtir une véritable fortune et prospérer avec une garantie absolue.

MODULE #2: LA MÉTHODE DU PARRAIN POUR TRANSFORMER VOS PROSPECTS EN CLIENTS À RÉPÉTITION ET EN AMIS LOYAUX.

La méthode du parrain est une sorte de stratégie générale qui servira de base à toutes les techniques que vous verrez dans les modules suivants.

Elle consiste à créer, comme le fait le parrain dans le film du même nom, une sorte de sentiment de réciprocité.

En effet, le parrain a donné tellement de choses aux personnes de son entourage, que le jour où il a besoin de quelque chose, toutes ces personnes sont prêtes à l'aider et à lui rendre la pareille.

Il en est exactement de même pour votre mailing list.

Le but est donc de recopier la stratégie du parrain en donnant de manière régulière de la valeur et des choses qui aident réellement vos prospects à aller de là où ils sont vers là où ils veulent aller.

Ainsi, le jour où vous aurez quelque chose à vendre, vous aurez créé un sentiment de réciprocité tel qu'ils seront les premiers à acheter votre produit, sans quasiment avoir besoin de faire d'efforts pour le vendre.

La grande majorité des gens n'a absolument pas conscience de cette stratégie, et pense que "l'argent est dans la liste", et qu'il suffit juste d'avoir une liste pour que celle-ci achète directement les produits qu'ils vont promouvoir.

Et bien sachez que ces personnes se trompent radicalement.

L'argent n'est pas dans la liste, ni dans la relation avec la liste. **L'argent est dans la valeur que vous allez délivrer à votre liste.**

En effet, vous pouvez avoir une très bonne relation avec votre liste, mais si vous ne délivrez pas de valeur ou du contenu qui va vraiment aider vos prospects, alors vous ne créerez pas ce sentiment de réciprocité qui fait qu'ils vont se sentir redevables envers vous, et ainsi faire les actions que vous leur demandez comme par exemple acheter vos produits.

Ainsi, énormément de gens qui capturent des adresses email se contentent ensuite uniquement d'envoyer des emails promotionnels, et se demandent ensuite pourquoi les gens non seulement n'achètent pas, mais commencent à ne plus ouvrir leurs emails.

Ce qu'il faut savoir, c'est que lorsque vous offrez un cadeau en échange d'une inscription à votre mailing list, vous bénéficiez d'un niveau de bonne volonté initial qu'a votre prospect envers vous, qu'il vous faut entretenir et sans cesse faire augmenter.

Ainsi, en offrant un cadeau, le niveau de bonne volonté initial de votre prospect est excellent, car vous lui avez donné quelque chose qui l'aide et qui lui apporte de la valeur.

Par contre, si tous les messages qui suivent ne sont que des promotions, son niveau de bonne volonté va progressivement chuter, jusqu'à atteindre des niveaux si bas qu'il n'ouvrira même plus vos emails car vous n'apporterez plus aucune valeur.

Il faut voir le niveau de bonne volonté de votre prospect comme une monnaie que vous avez sur un compte en banque.

Votre but va être d'augmenter de manière régulière son niveau de bonne volonté pour le faire atteindre des sommets au fil de vos messages.

Et ça sera l'objet de l'ensemble des techniques que vous allez voir dans les modules suivants.

Ainsi, les modules suivants vous permettront de délivrer constamment énormément de valeur à vos prospects.

Vous allez ainsi créer un fort sentiment de réciprocité, que vous pourrez utiliser pour vendre très facilement vos produits ou obtenir les actions que vous voulez de votre mailing list, quasiment à la demande.

Ceci termine ce deuxième module.

Vous connaissez maintenant la stratégie du parrain qui vous servira de base dans toutes les autres techniques que vous allez voir.

Vous allez ainsi faire augmenter en permanence le niveau de bonne volonté de vos prospects en leur apportant beaucoup de valeur, et créer un fort sentiment de réciprocité qui les fera acheter loyalement et de façon récurrente vos produits sur simple demande.

Avant de voir ces techniques, le module suivant va vous faire d'abord découvrir l'émotion numéro un qui déclenche la décision d'achat.

MODULE #3: L'ÉMOTION NUMÉRO 1 QUI DÉCLENCHE LA DÉCISION D'ACHAT.

A la fin de ce court module, vous connaîtrez l'émotion numéro un qui déclenche la décision d'achat chez les inscrits à votre mailing list.

Il est bien connu que les gens achètent en se basant essentiellement sur les émotions plutôt que sur la raison.

En fait, ce sont les émotions qui déclenchent les décisions d'achat chez les gens.

Ils se servent ensuite de leur raison pour trouver des justifications logiques au fait qu'ils ont acheté.

Par exemple, si quelqu'un a un coup de coeur pour une voiture rien qu'en la voyant et l'achète sur le champ, il va ensuite chercher à trouver toutes sortes d'explications rationnelles qui justifient son acte d'achat.

Cette personne dira par exemple qu'elle a acheté la voiture parce qu'il y avait plus de place à l'arrière, que le toit était ouvrant, que le son de la sono est excellent, etc.

Si les gens achètent sur les émotions, quelle est alors l'émotion numéro un qui va vraiment déclencher la décision d'achat ?

Il s'agit de ce qu'on va appeler l'espérance positive.

L'espérance positive consiste à donner la conviction aux gens que le produit ou le service que vous leur proposez peut fonctionner pour eux pour obtenir le résultat final qu'ils désirent obtenir, et qu'il ne s'agit pas d'un énième produit pour lequel ils ne sont pas sûrs d'avoir de résultats.

Ils doivent pouvoir se dire avec une conviction totale :

"Oui, ceci pourrait effectivement fonctionner pour moi dans mon cas."

Le meilleur moyen de générer cette émotion d'espérance positive est de leur donner une preuve que le produit ou service fonctionne par exemple en leur faisant une démonstration.

Ils n'ont pas forcément besoin d'essayer eux-mêmes le produit, mais simplement de se voir mentalement en train d'utiliser le produit et obtenir les résultats qu'ils veulent avec.

Par exemple, une personne qui fait la promotion d'une formation pour gagner de l'argent avec l'affiliation peut réaliser une petite vidéo de 15 ou 20 minutes dans laquelle elle montre pas-à-pas comment elle choisi un produit digital sur une plateforme d'affiliation, met en place une page de capture et une publicité sur Facebook, et enfin montre les résultats en ventes par exemple le lendemain dans une vidéo rapide qu'elle rajoute au montage.

Cela peut aussi être une personne vendant un produit qui supprime les tâches sur les chaussures, et qui montre sur une paire de chaussures tâchées de partout que toutes les tâches partent simplement en les frottant avec un chiffon imbibé du produit en question.

En ayant la preuve du résultat final et en voyant le processus qui mène au résultat voulu, le sentiment d'espérance positive se crée automatiquement dans l'esprit des prospects qui se voient obtenir les mêmes résultats.

De part le fait de leur avoir fait une démonstration avec une procédure claire et réaliste, ils deviennent alors convaincus que ça peut marcher pour eux, et passent à l'achat.

Maintenant que vous connaissez la décision numéro un qui déclenche l'achat chez les inscrits à votre mailing list, vous allez voir dans le module suivant la technique ultime pour générer chez eux l'espérance positive.

Il s'agit de la technique du résultat en avance ou R.E.A.

MODULE #4: LA TECHNIQUE DU RÉSULTAT EN AVANCE OU R.E.A.

Dans ce quatrième module, vous allez voir et mettre en place la technique du résultat en avance, ou R.E.A.

Il s'agit de l'une des techniques les plus efficaces et prouvées pour générer l'espérance positive, qui est comme on vient de le voir l'émotion numéro un qui déclenche la décision d'achat.

Ainsi, vous allez d'abord commencer par créer "votre ligne de temps", qui vous sera nécessaire pour bien comprendre le principe de fonctionnement de la technique du résultat en avance que vous verrez juste après.

Vous allez ensuite mettre en place la technique du résultat en avance en utilisant deux techniques qui en sont des sous-parties : la méthode CCPC et la technique du triangle de confiance.

Comme vous le verrez, la méthode CCPC va vous permettre de structurer et planifier vos contenus et faire passer vos messages de promotion "sous le radar", contrairement à ceux qui bombardent leur liste avec des messages promotionnels.

La technique du triangle de confiance vous montrera la façon la plus efficace de délivrer vos contenus avec un maximum d'impact.

IV.1- Créez votre "ligne de temps".

L'idée consiste à dessiner une ligne de temps, et de la jalonner des étapes majeures que vos prospects devront effectuer pour aller de là où ils sont vers là où ils veulent être :

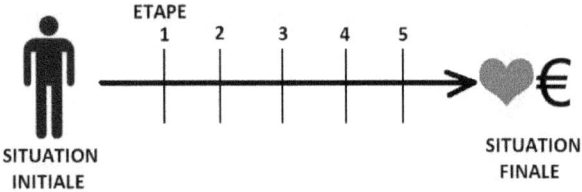

Il s'agit de mettre les jalons de manière chronologique et de ne prendre que les principaux pour atteindre le résultat final ou se retrouver dans la situation finale voulue. Par exemple 4 ou 5 jalons principaux sont suffisants.

Prenons les exemples que nous avons abordés un peu plus haut.

Exemple 1.
Admettons que le premier exemple soit dans le marché de la séduction, et s'adresse aux personnes qui cherchent à rencontrer une petite amie mais ne savent pas comment s'y prendre.

En partant de l'état initial de célibataire dans lequel sont vos prospects, vous allez tracer une ligne de temps et mettre le résultat final au bout de cette ligne, qu'on représente ici par exemple par un coeur.

Puis vous allez déterminer quels sont les 4 ou 5 jalons principaux par lesquels vos prospects doivent passer de

35

manière chronologique pour arriver dans la situation finale voulue.

Dans ce cas, la première étape peut être d'aborder une femme. Cette étape est le premier gros problème et obstacle qui empêche vos prospects d'avancer.

Ensuite, vous avez une deuxième étape qui consiste à parler avec la personne, et savoir quoi dire pour qu'elle ne vous envoie pas balader.

Une troisième étape consiste à obtenir son numéro de téléphone avec astuce.

Une quatrième étape consiste à entretenir une discussion téléphonique avec elle, et une cinquième étape consiste à obtenir un rendez-vous.

Exemple 2.
Reprenons dans ce deuxième exemple le marché du marketing Internet, et qui s'adresse aux personnes qui veulent être indépendantes financièrement.

Vous tracez de la même manière votre ligne de temps avec l'état initial de vos prospects qui ne sont pas indépendants financièrement, et l'état final où ils le sont en l'illustrant par exemple par le symbole de l'euro.

Entre les deux, dressez les principales étapes qu'ils devront franchir avant d'atteindre l'indépendance financière.

La première peut être de choisir un marché de niche, la deuxième de choisir ou créer un produit, la troisième peut être de créer un site web, et la quatrième de générer du trafic vers ce site web.

Ainsi, en dressant une ligne avec des étapes chronologiques, vous allez faire percevoir à vos prospects le résultat en avance de ce qu'ils vont obtenir, en leur montrant le chemin pour l'obtenir.

Vous allez créer de cette façon l'émotion d'espérance positive car ils vont voir que cela peut fonctionner pour eux.

Avant de continuer, dressez maintenant cette ligne de temps selon votre marché de niche, avec les étapes initiales et finales, et les jalons principaux que vos prospects devront effectuer pour aller de là où ils sont vers la où ils veulent être.

Une fois que vous aurez créé cette ligne, vous pourrez passer à la suite.

IV.2- Fonctionnement de la technique du résultat en avance.

Une fois que vous avez tracé votre ligne temporelle à l'aide de la partie précédente, vous allez maintenant voir le fonctionnement de la technique du résultat en avance.

L'idée va consister à donner à vos prospects un cadeau ou un contenu qui va les aider immédiatement à franchir la première étape de la ligne de temps que vous avez tracée, et qui va les rapprocher de la situation finale désirée.

Ce que vous devez donner c'est de l'aide immédiate pour la toute première étape de cette ligne de temps, pas pour la troisième ou quatrième étape car ils n'ont pas encore franchi les précédentes.

Ce contenu peut par exemple être sous forme d'un webinaire, d'un tutoriel vidéo, d'un podcast ou d'un fichier PDF avec une procédure détaillée.

Si on reprend l'exemple du célibataire qui veut trouver une petite amie, vous pouvez par exemple délivrer un webinaire qui explique comment aborder une femme, qui est la toute première étape.

Lorsqu'ils vont consommer votre contenu dont le but premier est de délivrer de la valeur pour les aider à franchir facilement cette première étape, leur niveau de confiance envers vous en tant que personne qui peut les aider ainsi que leur niveau de désir d'acheter vont tous les deux augmenter drastiquement.

Vous créez ainsi une dynamique d'émotion d'espérance positive, car même s'ils n'appliquent pas vos conseils le jour même, ils ont désormais la conviction qu'ils peuvent y arriver.

Maintenant qu'ils ont franchi cette première étape qui les rapproche de leur but final, ils ne vont pas vouloir se contenter d'aborder une femme.

En effet, même si maintenant ils savent comment aborder une femme, ils ne veulent pas se retrouver bloqués à la deuxième étape.

Ils vont alors attendre avec impatience que vous leur délivriez du contenu pour leur permettre de franchir la deuxième étape qui consiste à savoir quoi dire à une femme une fois qu'on l'a abordé.

De la même manière, vous allez alors leur délivrer un nouveau contenu qui va les aider le plus efficacement possible à franchir cette deuxième étape.

Ce qu'il se passe alors est que leur niveau de confiance en vous ainsi que leur niveau de désir d'acheter vont encore s'élever.

En effet, une fois qu'ils auront consommé votre nouveau contenu, ils vont alors pouvoir parler sans problème pendant de longues minutes aux femmes qu'ils abordent, ce qui va les rapprocher encore plus de leur but final.

Ensuite, ils vont alors être bloqués à la troisième étape, c'est-à-dire au moment de demander le numéro de téléphone à la fille. Ils vont attendre alors encore attendre votre prochain contenu avec impatience pour leur permettre d'avancer.

Ainsi, plus vous allez rapprocher vos prospects du but final mis sur votre ligne de temps en leur donnant du contenu à haute valeur ajoutée qui va à chaque fois les aider véritablement à franchir les différentes étapes chronologiques, plus leur émotion d'espérance positive va augmenter et plus ils voudront acheter chez vous.

Vous allez maintenant voir comment planifier la livraison de ces différents contenus avec la méthode CCPC ou "Contenu-Contenu-Promotion-Contenu".

IV.3- Structurez et Planifiez vos contenus avec la méthode CCPC, et faites passer vos messages de promotion "sous le radar".

Vous allez ici voir comment structurer les contenus à haute valeur ajoutée que vous aller délivrer à votre mailing list, et comment organiser leur planification pour faire passer la promotion de votre ou vos produits comme une lettre à la poste, sans qu'ils se rendent vraiment compte qu'il s'agit de promotion.

En effet, pour gagner de l'argent vous allez à un moment ou un autre devoir aussi envoyer des messages promotionnels et pas seulement du contenu qui va aider vos prospects.

Grâce à la méthode CCPC qui veut dire "Contenu-Contenu-Promotion-Contenu", vous allez voir comment faire très facilement passer ces messages de promotion sans donner l'impression qu'ils se les prennent "en pleine face" de manière agressive comme le font la grande majorité des débutants dans l'email marketing.

Pour illustrer cette technique, on va reprendre l'exemple du marché de la séduction, dans lequel vous apprenez comment trouver une petite amie à des prospects célibataires qui en cherchent une.

Pour rappel, la première étape à franchir sur leur ligne de temps pour atteindre leur but final est d'apprendre à aborder une femme.

Vous allez donc leur délivrer en premier lieu un contenu de haute valeur ajoutée qui va les aider véritablement à aborder une femme.

Premier C de CCPC.

Ce contenu correspond à la première lettre C de la méthode CCPC.

Voici comment structurer ce contenu pour y insérer en douceur la promotion de votre ou vos produits.

L'idée va être de délivrer 85% de contenu, et seulement 15% de promotion à la fin du contenu.

Par exemple, vous leur expliquez dans une vidéo comment aborder une femme, et tout à la fin, vous faites la promotion de votre produit en disant par exemple en deux trois phrases :

"J'espère que vous avez aimé ce tutoriel qui vous a montré comment aborder une femme.

Si vous l'avez apprécié, vous pouvez allez encore beaucoup plus loin avec mon nouveau produit "comment trouver une petite amie".

C'est un produit qui est 100% garanti satisfait ou remboursé, que vous pouvez télécharger tout de suite sur www.trouverunepetiteamie.com".

Cette manière de faire la promotion passe de manière tout à fait naturelle et n'est pas du tout agressive contrairement aux autres méthodes de promotion.

Ainsi, vous allez structurer chacun de vos contenus selon ce même ratio de 85% de contenu à valeur ajoutée, et 15 % de promotion à la fin.

Maintenant que vos prospects savent comment aborder une femme, la deuxième étape consiste à savoir comment parler avec une femme une fois qu'on l'a abordé.

Vous allez donc à nouveau leur délivrer du contenu à haute valeur ajoutée pour leur apprendre à franchir cette deuxième étape de parler avec une femme une fois qu'on l'a abordée.

Deuxième C de CCPC.

Ce deuxième contenu correspond à la deuxième lettre C de la méthode CCPC.

Vous allez délivrer ce contenu un ou deux jours après le premier contenu.

En effet, il faut garder les prospects en alerte et ne pas attendre trop longtemps avant de leur envoyer la suite. Sinon, ils risquent de vous oublier rapidement.

Rappelez-vous qu'ils ont sûrement souscrit à d'autres mailing lists que la vôtre, et qu'ils consultent peut-être d'autres contenus sur le sujet.

De la même manière, ce deuxième contenu est structuré avec 85% de contenu à valeur ajoutée et 15% de promotion à la fin en disant par exemple :

"Vous savez maintenant comment aborder une femme, et comment entretenir une conversation avec elle.

Je viens de vous donner 7 sujets de conversations qui attirent systématiquement n'importe quelle femme, et qui devraient vraiment vous aider.

Maintenant, sachez que si vous voulez trouver une petite amie, je vous garanti que vous pouvez en avoir une dès la semaine prochaine.

Je vous montre exactement comment dans ma nouvelle formation "comment trouver une petite amie" que vous

pouvez télécharger tout de suite sur
www.trouverunepetiteamie.com.

Si vous avez aimé ce que vous avez vu jusqu'à maintenant,
vous n'avez encore rien vu.

Alors commencez tout de suite cette formation, et je vous
retrouve de l'autre côté."

Le P de CCPC.

Maintenant que vous avez délivré deux contenus à la suite à un ou deux jours d'intervalle, il est temps d'envoyer cette fois un email de promotion qui correspond à la lettre P de la méthode CCPC.

Voici la technique redoutable de la "promotion par empilage" pour faire ce message de promotion, et qui n'a rien à voir avec les techniques agressives classiques qui consistent à dire : *"achetez mon produit !"*.

Au lieu de dire *"achetez mon produit"*, l'idée est de tourner votre message de promotion en évènement.

Pour ça, vous allez offrir à vos prospects des choses supplémentaires au produit dont vous faites la promotion, qu'ils n'auraient jamais pu avoir gratuitement avant aujourd'hui.

Voici par exemple ce que vous pourriez mettre dans votre email de promotion avec un titre tel que *"dernières nouvelles"*, ou *"à lire absolument"* :

"J'ai décidé de faire quelque chose de fou, valable aujourd'hui seulement.

Si vous achetez mon produit "comment trouver une petite amie" avant demain, je vous offre gratuitement la nouvelle formation que je viens de créer sur "comment créer une relation extraordinaire et durable avec votre petite amie".

Cette formation sera ensuite vendue au prix de X euros, mais vous pouvez l'avoir gratuitement aujourd'hui seulement, en plus du produit "comment trouver une petite amie".

C'est mon cadeau pour vous remercier d'essayer mon produit, valable aujourd'hui uniquement.

Alors n'attendez pas et sautez tout de suite sur l'occasion, voici le lien pour télécharger tout, tout de suite :"

On va appeler ce cadeau supplémentaire BONUS 1.

L'idée est que ce bonus couvre le besoin supérieur et ultime de vos prospects.

Par exemple, dans le cas des prospects qui cherchent à trouver une petite amie, le but final est de trouver une petite amie.

Mais le but encore supérieur à ça, est de créer une relation extraordinaire et durable avec cette petite amie.

C'est ainsi que le bonus 1 qui a été évoqué a pour objectif de répondre à ce besoin supérieur.

De la même manière pour la niche du marketing Internet, le but final des prospects est de quitter leur job pour atteindre l'indépendance financière.

Mais le but encore supérieur est d'obtenir le respect et l'admiration de leur entourage, leur famille et leur communauté.

Dans ce cas, vous pourriez par exemple proposer un produit qui leur montre comment atteindre l'indépendance financière, et offrir un bonus 1 qui leur apprend comment devenir une référence incontournable du marketing Internet et obtenir l'admiration et le respect de leur famille et de la communauté en 6 mois.

Ainsi, vous voyez que cette manière de formuler votre discours promotionnel est extrêmement excitante pour vos prospects.

Au lieu d'être celui qui va ennuyer les gens et leur mettre la pression en disant *"achetez mon produit sinon je vous tue !"*, vous vous positionnez comme étant celui qui est porteur d'une bonne nouvelle.

Et ça n'a plus rien à voir en termes de résultats.

Dernier C de CCPC.

Vous pouvez ensuite délivrer le lendemain de votre message de promotion une autre pièce de contenu de la même manière que les deux premiers, avec 85% de contenu à valeur ajoutée et 15% de promotion à la fin.

Ce troisième contenu va normalement correspondre à la troisième étape que vos prospects doivent franchir pour atteindre leur but final.

Dans le cas de la séduction, la troisième étape était d'obtenir le numéro de téléphone d'une femme.

Vous allez donc leur expliquer comment le faire.

A ce stade, vous avez donc réalisé toute la routine de base de la méthode CCPC.

Cela dit, vous n'allez pas vous arrêter là.

Suite de la séquence CCPC.

Vous allez continuer cette routine, mais de la manière suivante.

Vous allez ainsi envoyer un ou deux jours après un nouveau message de promotion P, avec cette fois ci un deuxième bonus supplémentaire.

Vous allez ainsi leur donner le BONUS 1 du message de promotion précédent, plus un BONUS 2 dans ce nouveau message de promotion, en mettant par exemple en titre de votre email *"Important, lisez SVP"* :

"J'ai changé d'avis, je voulais initialement limiter le BONUS 1, mais j'ai décidé de prolonger cette offre et de toujours l'offrir gratuitement à tous ceux qui commanderont aujourd'hui.

Et comme j'ai reçu un nombre immense de commentaires positifs, je vais aller encore plus loin vous donner gratuitement en plus du BONUS 1 un BONUS 2 vraiment incroyable.

Vous avez toujours une garantie satisfait ou remboursé de 30 jours à 100%, et si vous n'aimez pas le produit vous pourrez toujours garder ces deux bonus.

Je veux simplement être sûr que vous allez obtenir les résultats que vous cherchez.

Voici le lien pour tout recevoir immédiatement :"

Ainsi, au fil du temps, vous allez empiler les bonus les uns au dessus des autres, c'est pourquoi ces messages de promotion utilisent la technique qui s'appelle "promotion par empilage".

Vous voyez qu'au lieu de créer de la pression supplémentaire à votre mailing list avec un autre message du type *"achetez mon produit"*, vous rendez les choses encore plus excitantes en proposant un nouveau bonus.

Au lieu que vos prospects se détournent de votre offre, vous la rendez au fil du temps de plus en plus irrésistible.

Par la suite, vous pouvez un ou deux jours plus tard délivrer encore une pièce de contenu, puis une autre pièce encore un ou deux jours plus tard, puis délivrer un autre message promotionnel avec cette fois le BONUS 1 + BONUS 2 + BONUS 3.

Voici au final un schéma récapitulatif pour vous aider à mieux visualiser le séquencement de la méthode CCPC :

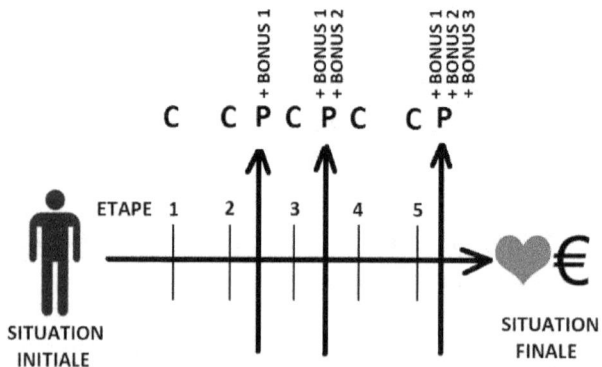

Sur ce schéma, chaque C représente un contenu pour aider vos prospects à franchir une étape, et chaque P un message de promotion, auquel on empile progressivement des bonus.

On retrouve bien au début la séquence CCPC, puis la séquence additionnelle dont on vient de parler.

Ainsi, en utilisant cette technique du CCPC, vous serez toujours capable de faire la promotion de votre ou vos produits, sans diminuer le niveau de bonne volonté de vos prospects (pour rappel, ce niveau de bonne volonté a été abordé dans le deuxième module avec la technique du parrain).

En effet, même si les quelques messages promotionnels vont faire décroître légèrement le niveau de bonne volonté de vos prospects, l'ensemble des contenus à haute valeur ajoutée vont toujours garder ce niveau de bonne volonté très élevé.

Maintenant que vous connaissez la technique du CCPC, vous avez pu voir qu'il est très facile de délivrer des messages de promotion et un simple email suffit pour ça.

En revanche, ce n'est pas forcément le cas pour le contenu.

Vous allez voir dans la partie suivante la mécanique pour délivrer vos pièces de contenu de la manière la plus efficace possible, en utilisant le triangle de la confiance.

IV.4- Utilisez la mécanique du triangle de la confiance pour délivrer vos contenus.

Vous avez découvert dans la partie précédente la méthode du CCPC.

Vous avez vu que l'envoi des messages promotionnels, qui correspondent au "P" de la méthode CCPC, peut se faire simplement par email.

Vous allez maintenant voir un moyen redoutable de délivrer vos contenus (les fameux "C" de la méthode CCPC) qui va vous permettre d'élever le niveau de bonne volonté de vos prospects encore plus.

Le secret consiste à utiliser la mécanique du triangle de la confiance.

Ce triangle de compose de trois composants : l'email, la vidéo et le blog.

Voici un schéma pour l'illustrer :

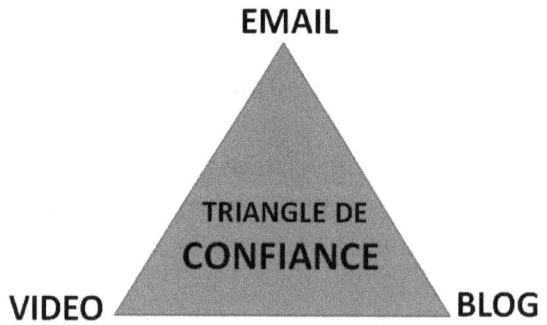

Le principe consiste à envoyer un **email** à votre mailing list dans lequel figure un lien vers une **vidéo** qui se trouve sur un **blog**.

Il vous suffit de mettre dans votre email un lien vers une vidéo pour avoir un taux de clics sur vos liens extrêmement élevé.

En effet, la vidéo est l'une des choses qui offre la valeur perçue la plus élevée de toutes les choses que vous pouvez donner gratuitement.

Cependant, au lieu de vous contenter de dire à vos inscrits d'aller regarder la vidéo, vous allez leur dire que vous avez fait un post de blog vidéo.

Cela va avoir pour effet de propulser encore plus vos taux de clics, et vous allez également faire baisser la résistance et la méfiance de vos clients.

La raison est qu'un blog est encore aujourd'hui perçu comme étant un espace à 100% dédié au divertissement et aux actualités.

Personne ne s'attend vraiment à voir des discours promotionnels et de la vente dure sur un blog, comme on pourrait le trouver sur une boutique en ligne ou d'autres sites web commerciaux.

Voici donc comment tourner votre email pour délivrer une pièce de contenu à votre mailing list.

Vous pouvez commencer par mettre un titre tel que *"nouvelle vidéo sur le blog"*, et dire par exemple dans le corps de l'email :

"Je viens de faire cette nouvelle vidéo que j'ai postée sur le blog. Elle va vous montrer comment aborder une jolie fille dans un bar sans avoir l'air stupide, j'espère qu'elle vous plaira :

Comment approcher une jolie fille dans un bar sans avoir l'air stupide.

A bientôt,
Votre prénom."

C'est tout. Vous n'avez pas besoin d'en écrire plus dans votre email.

En effet, rappelez-vous que vous devez voir et écrire à vos inscrits comme si vous étiez les meilleurs amis du monde.

Même si vos inscrits n'y pensent pas consciemment, votre style d'écriture amical sera capté par leur inconscient et ils vous percevront davantage comme un ami que quelqu'un qui a quelque chose à vendre.

N'oubliez pas que pour structurer votre vidéo, vous devez mettre environ 85% de contenu à haute valeur ajoutée où vous donnez ce que vous avez de meilleur pour les aider à résoudre le problème ou franchir l'étape qui les empêche d'avancer sur la route vers leur but final.

Puis vous réservez les 15% de la fin à véhiculer votre message promotionnel, en disant par exemple :

"Si vous avez aimé cette vidéo, il y a un lien juste en dessous de la vidéo sur mon blog pour mon nouveau site web qui va tout vous montrer sur ma formation "comment avoir une petite amie".

Je pense que vous allez vraiment l'adorer alors jetez-y un oeil.

J'ai été ravi de faire cette vidéo pour vous et je vous dis à très vite pour une prochaine vidéo."

C'est tout ce que vous avez à dire en termes de promotion dans votre vidéo. Rien de plus.

Ainsi, il vous suffit de mettre un simple lien texte en dessous de la vidéo embarquée sur votre blog qui dit par exemple :

> *"Cliquez ici pour découvrir la chose sympa dont j'ai parlé dans la vidéo."*

Et juste en dessous de ce lien, vous pouvez laisser une section pour laisser des commentaires ou mieux, intégrer un widget qui permet de laisser des commentaires sur votre blog en utilisant Facebook.

Les commentaires venant de Facebook sont en effet de bien meilleure qualité que les commentaires anonymes car les gens savent que leurs amis peuvent lire ce qu'ils mettent.

Ainsi, si le contenu de votre vidéo est bon, vous allez avoir une montagne de commentaires positifs et de remerciements, ainsi que des témoignages clients qui ont acheté votre produit et qui en feront l'éloge.

Ceci termine ce quatrième module.

En utilisant l'ensemble des techniques que vous y avez découvert, voici tout ce que vous avez mis en place dans la tête des inscrits à votre mailing list pour créer une véritable machine à vendre :

Vous savez d'abord leur but final et les étapes majeures qu'ils doivent traverser pour atteindre ce but compte tenu de leur situation initiale.

Vous leur avez ainsi délivré le résultat en avance, ce qui vous a permis de leur donner confiance en vous et en votre capacité de les aider à résoudre leur problème et atteindre leur but final.

Vous avez ensuite généré de l'espérance positive qui est l'émotion numéro un qui déclenche l'achat, de part les différentes vidéos de contenu à haute valeur ajoutée que vous leur donnez.

Ces vidéos donnent à vos inscrits la conviction qu'ils peuvent y arriver et que cela peut fonctionner pour eux, car ils réussissent par vos conseils à franchir les différentes étapes qui les rapprochent de la situation finale dans laquelle ils veulent être.

Enfin, ils voient une preuve sociale solide avec des montagnes de témoignages de personnes qui trouvent le contenu ou le produit génial et qui obtiennent des résultats concrets.

De plus, vos prospects savent que ces preuves sont réelles et ne sont pas des vulgaires copier-coller de témoignages inventés.

Et pour couronner le tout, vous délivrez tout ça d'une manière et avec une structure absolument fun et ludique.

Notez que si jamais vous ne souhaitez pas faire de vidéos, vous pouvez vous contenter de délivrer votre contenu sous forme d'articles texte de blog.

Assurez-vous dans ce cas de faire d'excellents articles de blogs, avec des instructions très détaillées sur la manière de franchir l'étape qui leur pose problème pour aller là où ils veulent arriver.

Cette formation pourrait s'arrêter là.

Cependant, vous allez aller encore plus loin dans un dernier module.

Il va vous montrer comment mettre en place une campagne qui va vous permettre d'extraire un niveau d'argent de votre mailing list et générer un taux de bonne volonté et d'engagement inégalé de vos prospects.

MODULE #5: LA CAMPAGNE REDOUTABLE DU BOOMERANG POUR EXTRAIRE UN MAXIMUM D'ARGENT DE VOTRE MAILING LIST ET OBTENIR UN TAUX D'OUVERTURE INÉGALÉ.

Dans ce dernier module, vous allez maintenant utiliser tout ce que vous avez appris durant tous les modules précédents de cette formation.

En effet, cette formation pourrait très bien s'arrêter là, mais vous allez maintenant voir comment mettre en place une campagne complète redoutablement efficace, appelée la campagne du boomerang.

Cette campagne va vous permettre d'extraire le maximum d'argent possible de votre mailing list, tout en créant un niveau de bonne volonté, d'engagement en termes de taux d'ouverture et de taux de clics inégalé chez vos prospects.

Que vous soyez débutant ou déjà familiarisé voir professionnel avec l'email marketing, si vous appliquez cette campagne de la manière décrite, vous obtiendrez très certainement des résultats qui vont vous bluffer.

Cette campagne s'appelle campagne du boomerang car le principe repose sur le fait d'envoyer à votre mailing list une dose immense de bonne volonté, qui va vous revenir comme un boomerang et de manière décuplée.

V.1- Les 4 éléments qui composent la campagne du boomerang.

La campagne du boomerang se compose tout simplement de trois vidéos de pur contenu et d'une vidéo de promotion.

Toutes ces quatre vidéos sont bien entendu sur un blog.

Chacune des trois vidéos de contenu ne fait aucune promotion à l'intérieur, il s'agit à 100% de pur contenu.

Elles n'ont pas besoin d'être longues et une durée de 7 à 10 min est parfaite, mais ne pas dépasser 10 minutes.

L'important est qu'elles contiennent à chaque fois du contenu de grande qualité qui permette à vos prospects d'obtenir des résultats immédiats sur une problématique qu'ils veulent à tout prix résoudre.

Le genre de contenu qu'on ne trouve quasiment nulle part ou pour lequel on doit généralement payer, mais que vous allez ici donner gratuitement.

Pour créer ces vidéos de contenu, vous pourrez idéalement vous inspirer de la technique du résultat en avance vue précédemment, en délivrant à chaque fois un contenu qui va les faire franchir une étape de manière chronologique sur la route qui les rapproche de leur but final.

Vous pourrez aussi choisir de délivrer du contenu pouvant être consommé de manière indépendante et sans lien chronologique avec les autres, mais toujours en vous assurant que ce contenu leur permette de résoudre un problème important pour atteindre leur but final.

Concernant la vidéo de promotion, il s'agira de créer une vidéo qui contient à l'intérieur un immense stock de bonne volonté, comme vous allez le découvrir.

V.2- Mise en place de la première phase de la campagne de boomerang.

Jour 1.

La première chose à faire est de trouver quelque chose qui est réellement important pour votre marché de niche, et de montrer comment faire cette chose par une vidéo gratuite que vous allez mettre sur votre blog.

Par exemple si vous êtes dans le marché du marketing Internet, il est essentiel de savoir comment créer un site web avec une page de capture dessus.

Ainsi, le premier jour de la campagne, vous allez envoyer un email à votre mailing list en leur disant :

"Je viens de mettre une vidéo sur mon blog où je vous montre comment créer un site web avec une page de capture opérationnelle. J'espère qu'elle vous plaira, voici le lien pour y accéder :"

Il vous reste à signer de votre nom avec une formule de politesse et c'est tout.
Le but est de formuler votre email de manière informelle, exactement comme si vous parliez à un ami.

Ce qu'il va se passer est que vos inscrits vont aller voir cette vidéo sur votre blog, qui est faite à 100% de pure contenu sans aucune promotion à l'intérieur.

Ils vont alors laisser une montagne de commentaires positifs sous la vidéo, ce qui est justifié par le fait que vous aidez véritablement les gens par un contenu de grande qualité.

Jour 2.

Le deuxième jour ou le troisième (à vous de voir), vous faites exactement la même chose en leur envoyant une deuxième vidéo faite à 100% de contenu.

Vous pouvez soit directement leur envoyer ce deuxième email le deuxième jour, soit attendre le troisième jour.

Dans ce cas, vous pourrez utiliser le deuxième jour pour renvoyer un email de la vidéo du jour 1 à tous les inscrits de votre mailing list qui n'auraient pas encore vu la première vidéo (vous pouvez le faire très facilement via l'interface de votre autorépondeur comme par exemple Aweber).

Pour continuer sur l'exemple du marché du marketing Internet, vous pouvez leur montrer comment mettre en place une solution de paiement du type Paypal pour qu'ils puissent recevoir des paiements.

Il peut aussi s'agir de quelque chose d'autre.

Le but est en fait de leur montrer des choses qu'ils veulent à tout prix savoir et qu'ils peuvent mettre en pratique immédiatement.

Des choses que personne n'a vraiment expliqué ou qui sont généralement payantes, et que vous allez ici leur donner gratuitement.

Comme pour le jour 1, vos inscrits vont alors aller voir cette deuxième vidéo sur votre blog, et laisser à nouveau des tonnes de commentaires sous la vidéo.

Jour 3.

Un ou deux jour après avoir envoyé la deuxième vidéo, vous allez à nouveau faire exactement la même chose en envoyant une troisième vidéo faite à 100% de contenu.

Selon le moment où vous avez envoyé la deuxième vidéo (jour 2 ou jour 3) et la durée que vous voulez laisser entre la deuxième et la troisième vidéo (1 ou 2 jours), l'envoi de la troisième vidéo aura donc lieu soit le jour 3, 4 ou 5 (à vous de choisir).

Vous pouvez adopter si vous voulez la même stratégie qu'avec la deuxième vidéo : envoyer la troisième vidéo deux jours plus tard et profiter du jour intermédiaire pour renvoyer un lien vers la deuxième vidéo aux inscrits qui ne l'auraient pas vue.

Si on continue sur l'exemple du marché du marketing Internet, vous pouvez par exemple cette fois leur montrer comment créer une page de remerciement rentable.

Encore une fois, cela peut-être n'importe quoi d'autre, à condition que ce soit du contenu qui apporte une très grande valeur ajoutée, que vos prospects meurent d'envie d'avoir, et pouvant être mis en pratique immédiatement.

Jour 4.

Le quatrième jour (ou un peu plus tard selon les moments où vous avez posté les trois vidéos précédentes) est le moment où la magie va opérer.

En effet, vous avez jusqu'ici traité vos inscrits comme des amis et vous avez partagé avec eux du contenu de grande qualité qui leur a enlevé de grosses épines du pied.

Ils ont à ce stade une envie très élevée de vous rendre la pareille et sont envahis d'une puissante volonté de réciprocité.

C'est en fait le moment où ils vont avoir envie de vous donner quelque chose en retour des services que vous leur avez rendus, car sinon ils se sentent mal à l'aise et redevables de quelque chose.

De plus, ce sentiment de réciprocité a été décuplé car ils n'ont pas vraiment eu d'occasion de vous rendre service après chaque vidéo.

Leur désir a donc été démultiplié au fur et à mesure que vous les aidiez par vos vidéos.

Ce que vous allez maintenant faire à ce stade, est que vous allez leur envoyer un email très court ayant pour titre quelque chose comme :

"J'ai besoin de votre aide."

Ce genre de titre est extrêmement puissant car si vous avez rendu service auparavant aux gens, ils vont avoir envie de vous aider.

Dans le corps de l'email, vous pouvez écrire par exemple :

"Je viens de faire une nouvelle vidéo et j'aurais vraiment besoin de votre aide pour savoir ce que vous en pensez.

Voici le lien vers cette vidéo :"

Rajoutez votre signature et c'est tout, vous n'avez pas besoin de faire cet email plus long que ça.

Avant d'entrer dans les détails de ce que vous allez dire dans cette vidéo de promotion, vous allez avoir besoin d'avoir soit un nouveau produit à vendre, soit une mise à jour d'un produit déjà existant mais assez vieux.

Maintenant que vous avez envoyé votre email avec pour titre *"j'ai besoin de votre aide"*, les inscrits à votre mailing list vont donc aller sur votre blog pour voir cette fameuse vidéo.

Voici ce que vous allez dire dans la vidéo :

Vous vous filmez par exemple assis à une table, en disant quelque chose tel que :

"Tout d'abord, je voulais vous remercier pour tous les commentaires positifs que vous avez laissés sous chacune des vidéos gratuites que je vous ai données cette semaine.

*C'était un vrai plaisir pour moi de les avoir faites pour vous, et **je suis sûr que vous feriez la même chose pour moi.** (note : cette phrase en gras est importante et permet de bien mettre en évidence le désir de réciprocité)*

Et maintenant j'aurais vraiment besoin de votre aide.

Voici en quoi ça consiste :

J'ai ce nouveau produit (ou la mise à jour d'un vieux produit) sur comment faire X en Y secondes, et j'aimerai vraiment avoir votre retour et vos commentaires sur ce produit avant que je ne le lance et le mette en vente au reste du monde.

Voici ce que j'aimerai faire.

Cela va me coûter environ 12 euros pour imprimer et envoyer ce produit à votre domicile.

Si vous m'aidez à couvrir les frais de port et d'impression, alors je vais vous l'envoyer dès aujourd'hui chez vous afin que vous puissiez en avoir un aperçu.

Je prévois de vendre ce produit pour 97 euros, et j'aimerai vraiment que vous le preniez en main et l'utilisiez pendant environ un mois.

Si vous à la fin du mois vous obtenez des résultats formidables et que vous pensez que ce produit est génial, vous n'aurez rien de plus à faire.

Vous serez simplement débité du prix du produit de 97 euros (ou du produit moins les frais de port et d'impression déjà payés, donc ici 97 - 12 = 85 euros).

Par contre si vous ne l'aimez pas, faites-le moi savoir et vous ne serez jamais débité et vous pourrez bien entendu conserver le produit.

Ce qui m'importe vraiment ici est d'avoir votre avis et votre témoignage sur ce produit.

L'aimez-vous ? Vous-donne-t-il des résultats ? Doit-il être amélioré ?

Vous avez donc un lien en dessous de cette vidéo pour vous permettre de profiter de cette offre tout de suite.

Cette offre ne sera pas disponible pour tout le monde car je n'ai qu'un nombre limité d'exemplaires.

Ne faites pas circuler cette vidéo SVP, car il s'agit d'une offre réservée seulement aux inscrits de ma mailing list.

Donc cliquez sur le lien pour en profiter maintenant."

Une fois que vous aurez dit ça, ce qu'il va se passer est que vous devriez voir un nombre incroyable de personnes de votre mailing list se ruer sur cette offre.

La raison pour laquelle cette campagne du boomerang fonctionne si bien est due à la volonté de réciprocité immense que vous avez créée, de part l'utilisation de l'ensemble des techniques que vous avez vues jusqu'à présent dans cette formation (résultat en avance, triangle de confiance, etc.).

De plus, par le fait que vous n'avez fait aucune promotion dans vos vidéos de contenu en leur délivrant 100% de contenu, les inscrits à votre mailing list veulent trouver à tout prix un moyen pour vous retourner l'ascenseur, un peu comme un boomerang qui vous reviendrait.

Vous avez donc mis en place la première phase de la campagne de boomerang.

Vous pouvez maintenant attaquer la deuxième phase, qui va aller beaucoup plus loin dans la maximisation du panier moyen par inscrit.

V.3- Mise en place de la deuxième phase de la campagne de boomerang.

Dans la première phase, vous avez mis en place un sentiment de réciprocité extrêmement puissant.

De plus, vous aurez créé une offre absolument irrésistible grâce à ces six leviers (et en considérant bien entendu que vous avez un excellent produit) :

- Il s'agit d'un produit nouveau, et tout ce qui est nouveau attire.

- Il s'agit d'un produit que le public n'a pas encore vu.

- Il s'agit d'une offre qui donne un sentiment d'exclusivité à vos inscrits car ils peuvent accéder à votre produit avant tout le monde.

- Il s'agit d'une offre qui donne une sensation d'importance à vos inscrits car vous leurs demandez leur avis.

- Vous avez un produit qui est perçu par vos inscrits comme valant largement l'investissement financier qu'ils vont faire, grâce à tout le contenu gratuit que vous leur avez donné et qui a les a aidé. De plus, vous leur proposez d'avoir ce produit pour une fraction infime de son prix en payant uniquement les frais de port et d'impression.

- Il s'agit d'une offre qui possède une garantie qui les couvre totalement au cas où ils n'aiment pas le produit.

Avec ces six leviers, il est quasiment impossible que votre offre ne rencontre pas un franc succès (sauf si votre

73

produit est vraiment mauvais, ce qui ne devrait pas être le cas compte tenu de la qualité du contenu gratuit que vous avez délivré précédemment).

En effet, votre taux de commandes va être très élevé car vous avez affaire a des fans qui vous connaissent déjà, vous aiment et vous font confiance.

De plus, votre produit étant vraiment bon, la très grosse majorité de vos inscrits ne feront pas de réclamation durant la période d'essai et seront donc débités du prix total du produit.

Enfin, le très faible pourcentage de personnes à qui votre produit ne plaît pas ne va jamais vous demander de rembourser les frais de port et d'impression payés pour essayer le produit.

Ainsi, ils ont donc quelque part acheté en payant le coût de fabrication et d'expédition et vous ne perdez donc aucun centime dans l'opération.

Maintenant si vous voulez vraiment faire preuve de bonne volonté, vous pouvez même décider dans la première phase de la campagne de ne pas faire payer à vos inscrits le coût de fabrication du produit mais juste les frais de port.

Ou alors de leur demander de ne payer que 50% du prix de fabrication et d'expédition.

Par exemple, si votre produit coûte 12 euros à fabriquer et expédier, vous pouvez leur dire dans la vidéo de la première phase de la campagne :

"Ce produit me coûte 12 euros à fabriquer et expédier, mais je peux vous l'envoyer dès maintenant pour seulement 6 euros. Ce qui m'intéresse c'est avant tout d'avoir votre opinion et vos commentaires."

Ceci est bien entendu optionnel, mais cela peut contribuer à vous faire passer pour une personne détachée de tout intérêt.

De plus, vous pouvez toujours ajuster le montant qu'il leur restera à payer dans le cas où ils gardent le produit, ce qui sera quasiment toujours le cas.

Par ailleurs, le peu d'argent que vous penserez perdre en coût de fabrication et d'expédition sera compensé par des inscrits supplémentaires attirés par cette nouvelle offre, qui ne feront pas de réclamation et seront débités du prix total du produit après la période d'essai.

Voici maintenant le moment où les choses vont vraiment devenir bonnes pour vous.

Vous allez mettre en place deux offres d'upsell, afin de maximiser le prix du panier par inscrit.

Upsell 1.

Admettons que vos inscrits décident de tester le produit que vous proposez dans la première phase, et payent les 12 euros de frais de fabrication et d'expédition.

Ils cliquent alors sur votre lien et se retrouvent sur la page de paiement pour mettre leur numéro de carte bancaire.

Bien entendu, vous spécifierez en quelques lignes sur cette page ce que vous leur avez dit dans votre vidéo.

En d'autres termes, vous allez rappelez que vous leur envoyez quelque chose pour essayer, et qu'ils seront débités du prix complet du produit après les 30 jours d'essai s'ils décident de ne pas annuler.

Vous allez aussi détailler comment procéder à l'annulation, et mettre vos informations de contact avec au minimum un email, et si possible un numéro de téléphone.

Une fois le paiement effectué, vos inscrits vont alors arriver sur une page de d'upsell en un clic.

Cette page consiste à leur proposer un deuxième produit, qu'ils peuvent décider d'acheter simplement en cliquant sur le bouton d'achat (comme le fait Amazon avec ses boutons "1-Click").

Sur cette page, vous allez mettre une vidéo très courte leur proposant d'ajouter un deuxième produit à leur panier, en disant par exemple :

"Merci énormément pour votre aide.

Je vais vous envoyer tout de suite votre produit et vous le recevrez d'ici deux ou trois jours.

Je suis sûr que vous allez l'adorer, et je vous remercie de laisser vos commentaires ou de m'envoyer un email pour me dire ce que vous en pensez.

Maintenant, pendant que je n'ai pas encore expédié votre produit, je voulais savoir si vous seriez intéressé pour que je mette dans votre paquet un autre produit qui va vous permettre de X et Y (vous pouvez même montrer le produit sur votre vidéo).

Je pense que vous allez également l'adorer mais je n'en suis pas absolument sûr.

Voici donc ce que je vous propose de faire.

Je vais mettre ce deuxième produit dans le paquet avec le reste pour que vous puissiez l'essayer. Je ne vous facturerai évidemment rien de plus aujourd'hui.

Si vous aimez ce second produit, vous n'aurez rien besoin de faire de plus. Vous serez simplement débité de 97 euros dans un mois, qui correspond au prix de ce second produit.

Si vous ne l'aimez pas, il vous suffira simplement de me le faire savoir dans les 30 jours. Je ne vous facturerai alors rien du tout et vous pourrez quand même le garder.

Vous ne prenez ainsi aucun risque et tout le risque est pour moi.

Il vous suffit de cliquer sur le bouton ci-dessous pour l'ajouter à votre commande.

Si vous ne souhaitez pas l'ajouter, aucun soucis. Cliquez dans ce cas simplement sur le bouton non merci."

Cette offre d'upsell va vous permettre d'augmenter radicalement votre panier moyen par inscrit.

En moyenne à ce stade, il y a environ 50% des gens qui ont commandé le premier produit qui vont prendre également ce deuxième produit pour l'essayer, et la moitié de ces gens vont au final acheter ce deuxième produit, soit 25% au total.

Upsell 2.

Vous allez maintenant réaliser une deuxième opération d'upsell.

Une fois que les gens ont cliqué sur le bouton pour accepter de recevoir votre deuxième produit ou sur le bouton "non merci", vous allez leur présenter une deuxième page, qui va leur présenter un troisième produit.

Vous pouvez y mettre ici ce que vous voulez, comme par exemple un produit complémentaire.

Vous pouvez de la même façon faire une courte vidéo pour leur proposer ce troisième produit, en disant par exemple :

"Merci beaucoup de faire tout ça, c'est vraiment génial.

Vous avez peut-être entendu parler de ma formation spéciale sur tel sujet.

Elle n'est pas disponible au grand public, mais si vous le souhaitez, j'aimerai vous faire une offre très spéciale pour que vous puissiez l'avoir.

Au lieu de payer le prix complet de 997 euros comme le font les clients ordinaires, je souhaiterais vous la donner pour seulement 197 euros.

Et si vous l'aimez, gardez simplement cette formation et vous serez juste facturé 19,7 euros par mois pendant les dix prochains mois."

Encore une fois, ce produit peut être ce que vous voulez.

Il peut s'agir d'un accès à un site de membres, d'un produit ou d'un service complémentaire.

Ce qui est important est qu'il soit d'excellente qualité comme les deux premiers, et que l'ensemble des trois produits fassent sens et aient un lien.

Ceci termine ce cinquième module.

Vous avez vu comment mettre en place la campagne du boomerang qui se déroule en deux phases.

Comme vous l'avez vu, cette campagne utilise l'ensemble des techniques qui ont été abordées au cours de cette formation.

Elle permet de créer un désir immense de réciprocité tout en proposant une offre irrésistible, ce qui va littéralement pousser les inscrits à votre mailing list à se ruer sur votre offre de manière optimale et massive.

De plus, cette campagne va également extraire le maximum d'argent possible des poches de vos inscrits en utilisant et présentant astucieusement deux offres d'upsell successives.

Vous pouvez réellement réaliser une fortune avec cette opération.

Il existe plusieurs solutions pour mettre en place vos deux opérations d'upsell et les boutons d'upsell en 1 clic, comme par exemple en utilisant 1shoppingcart ou infusionsoft.

Cependant, même si vous décidez de ne pas utiliser d'upsells et de vous limiter à la première phase de la campagne du boomerang, vous allez déjà obtenir des résultats incroyables.

Bien entendu, vous pouvez réaliser cette campagne aussi bien avec des produits physiques que digitaux.

S'il s'agit de produits digitaux, vous pouvez par exemple faire la chose suivante dans la première étape de la campagne au moment de demander à vos inscrits de sortir leur carte bleue pour tester votre produit.

Au lieu de leur demander de payer les frais de fabrication et de port comme pour un produit physique, vous pouvez leur demander par exemple un ou deux euros de frais techniques (stockage de votre contenu, service de livraison numérique, etc.).

Vous pouvez ensuite enchaîner les autres étapes de la campagne du boomerang de la même façon que pour un produit physique, en l'adaptant bien entendu au format digital.

Cette formation touche désormais à sa fin, et il reste à la conclure en page suivante.

CONCLUSION.

Dans cette formation, vous avez désormais tout ce qu'il vous faut pour contrôler et cultiver votre mailing list aussi efficacement que les 1% des marketeurs qui génèrent de véritables fortunes.

Vous avez en effet découvert et mis en place pas-à-pas tout un système basé sur les techniques les plus puissantes qui existent actuellement.

Vous ne trouverez probablement aucun système qui vous donnera un meilleur retour sur investissement sur votre mailing list.

Ce système va vous permettre de transformer vos inscrits en véritables fans, d'obtenir des taux d'ouverture record sur vos emails, et surtout d'extraire un maximum d'argent de votre liste du meilleur moyen possible.

Vous avez ainsi vu dans un premier module comment définir votre prospect idéal moyen afin de personnaliser et améliorer la qualité de votre communication avec vos inscrits qui vont se sentir beaucoup plus concernés.

Ensuite, le deuxième module vous a expliqué la méthode du parrain qui est le principe de base utilisé dans les autres techniques de cette formation pour transformer vos inscrits en clients à répétition et en amis loyaux.

Le troisième module vous a ensuite montré l'émotion la plus importante que vous devez faire ressentir à vos inscrits pour déclencher leur décision d'achat.

Le quatrième module vous a permis de mettre en place l'ensemble de votre stratégie d'emailing.

Vous avez ainsi construit tout un système de promotion et de distribution de contenu afin d'obtenir des taux d'ouverture et de ventes record, qui n'ont plus rien à voir avec ceux qu'obtiennent la très grande majorité des marketeurs.

Enfin, le dernier module vous a montré comment mettre en place facilement et en pas-à-pas une campagne complète.

Il s'agit de la campagne du boomerang, qui est probablement la plus puissante qui existe actuellement pour avoir le plus haut taux d'ouverture et de clics sur vos emails, et pour avoir le panier par inscrit le plus élevé possible.

Vous pouvez mettre en place ce système complet dès cette semaine.

Si vous avez bien suivi les étapes détaillées de cette formation, vous obtiendrez des résultats remarquables qui vont vous bluffer et que vous n'auriez probablement jamais pu obtenir autrement.

A terme, vous pourrez utiliser ces mêmes stratégies sur autant de mailing listes différentes que vous voulez, et pour autant de marchés de niches différents que vous souhaitez.

En sachant contrôler et cultiver votre ou vos mailing lists, vous pourrez alors littéralement imprimer de l'argent à la demande et vous bâtir une véritable fortune.

Je vous envoie donc tous mes voeux de succès avec votre mailing list et vous dis à bientôt, j'espère, dans une nouvelle formation.

A PROPOS DE L'AUTEUR.

Rémy Roulier est un ancien ingénieur informatique et responsable marketing dans une multinationale.

Il est aujourd'hui auteur best-seller, digital nomad et voyage partout dans le monde, ayant acquis depuis plus de dix ans une véritable expertise dans le marketing internet et le développement personnel.

Il partage aujourd'hui ses outils et son expérience pour permettre aux autres d'atteindre également leur indépendance financière et de façonner leur vie telle qu'ils la désirent vraiment.

CRÉATIONS DU MÊME AUTEUR.

Voici aussi quelques autres de mes créations qui peuvent vous servir :

DEVENIR RICHE AVEC UN BLOG DE CURATION:
CREER UN BLOG D'EXPERT QUI CARTONNE ET GAGNER DE L'ARGENT SANS CREER D'ARTICLES AVEC LA CURATION.
Accédez à la méthode la plus complète pour réussir rapidement avec un blog de curation. Cette nouvelle méthode simple et ludique de bloguer va vous permettre de gagner beaucoup d'argent et de vous positionner rapidement comme un véritable expert, sans jamais avoir besoin d'écrire des articles, de tourner des vidéos ou d'être un spécialiste de votre niche.
Cliquez sur la couverture pour y accéder sur Amazon.fr:

CREER UN SITE WEB LUCRATIF EN 4 SEMAINES:
LA FAÇON LA PLUS RAPIDE DE CRÉER UN BLOG OU SITE INTERNET RENTABLE EN PARTANT DE ZÉRO.
Découvrez la façon la plus rapide et simple de créer un site ou blog qui vous rapporte entre 5000 et 10000 euros par mois en partant de rien.
Une méthode pas-à-pas qui vous guide en 5 modules vers votre indépendance financière, en évitant toutes les erreurs des débutants.
Cliquez sur la couverture pour y accéder sur Amazon.fr:

DEVENIR RICHE EN FREELANCE SUR LE WEB:
POURQUOI 99% DES INDEPENDANTS ECHOUENT SUR INTERNET ET
COMMENT REJOINDRE LES 1% QUI GENERENT DES REVENUS A 6 CHIFFRES.
Un livre que doit posséder absolument tout entrepreneur. Il vous explique comment bâtir votre business en freelance sur le web (ou ailleurs) pour éviter de devenir un indépendant qui croule sous le travail en ne gagnant que des miettes. Découvrez exactement comment s'y prennent les freelances qui cartonnent sans (trop) travailler, et reproduisez le même modèle qui leur permet de générer des revenus à 6 chiffres.
Cliquez sur la couverture pour y accéder sur Amazon.fr:

CONTENU DE MASSE POUR VOTRE BLOG:
1 HEURE/JOUR POUR CREER 7 ARTICLES, 5 VIDEOS ET 1 PRODUIT CHAQUE
SEMAINE ET CREER UN BLOG D'AUTORITE ULTRA RENTABLE.
Découvrez une méthode radicale et inédite pour devenir un créateur de contenu à 100% et créer 7 articles, 5 vidéos et 1 produit chaque semaine en ne travaillant qu'une heure par jour du Lundi au Vendredi. Commencez immédiatement et voyez votre trafic et vos revenus exploser.
Cliquez sur la couverture pour y accéder sur Amazon.fr:

CREER UN BLOG VIDEO SANS SE RUINER:
LA METHODE COMPLETE POUR CREER UN VLOG PRO (EQUIPEMENT, DISCOURS, TOURNAGE, MONTAGE, VIDEO, DIFFUSION) SANS SE RUINER.
Tout ce que vous devez savoir pour créer un blog vidéo de qualité professionnelle le plus facilement possible, même si vous avez peu ou pas de budget. Laissez-vous guider totalement de l'équipement à la diffusion, et voyez des milliers de fans s'agglutiner et vos ventes exploser par vos vidéos irrésistibles.
Cliquez sur la couverture pour y accéder sur Amazon.fr:

ECRIRE UNE PAGE DE VENTE HYPNOTIQUE:
54 MINUTES CHRONO POUR ECRIRE FACILEMENT UN ARGUMENTAIRE DE VENTE FASCINANT ET VENDRE SUR INTERNET COMME UN PRO DU COPYWRITING HYPNOTIQUE.
Une méthode clés-en-main pour écrire facilement une page de vente hypnotique, et en seulement 54 min. Bien plus puissante que le copywriting ordinaire, utilisez-là pour "forcer" vos clients à acheter vos produits en les plongeant dans un état de transe hypnotique.
Cliquez sur la couverture pour y accéder sur Amazon.fr:

CREER UNE LANDING PAGE QUI CONVERTI:
TRIPLEZ VOS VENTES, EXPLOSEZ VOTRE MAILING LIST EN MOINS DE 15 MINUTES AVEC UNE SQUEEZE PAGE OPTIMISEE.
Une méthode complète pour créer une landing page en partant de rien et obtenir d'entrée de jeu des taux de conversion records à rendre

jaloux les meilleurs marketeurs. Evitez les mois de tâtonnements interminables et les centaines d'euros dépensés pour trouver la meilleure version, en prenant ce raccourci tout de suite.
Cliquez sur la couverture pour y accéder sur Amazon.fr:

VENDRE EN VIDEO COMME UN PRO:
LA NOUVELLE FAÇON LA PLUS SIMPLE ET RAPIDE DE CREER UNE VIDEO DE VENTE ET PAGE DE VENTE VIDEO QUI CONVERTI.
Découvrez un système complet et unique en pas-à-pas pour réaliser des vidéos de vente en partant de rien. De l'équipement à la création de votre argumentaire de vente, en passant par les techniques pour amener de la présence et pour minimiser votre temps de montage vidéo, vous saurez comment obtenir des taux de conversion record dignes des meilleurs marketeurs, de la manière la plus simple, rapide, et sans vous ruiner.
Cliquez sur la couverture pour y accéder sur Amazon.fr:

TUNNELS DE VENTE SOCIAUX:
GAGNER DE L'ARGENT SUR INTERNET ET DEVENIR RICHE AUJOURD'HUI APRES L'EXPLOSION DES RESEAUX SOCIAUX (FACEBOOK, TWITTER...) ET YOUTUBE.
Une véritable plongée dans la psychologie de l'acheteur d'aujourd'hui et une méthode pratique qui vous permet de créer un tunnel de vente tel qui fonctionne après l'explosion des réseaux sociaux. Convertissez ainsi sans peine vos prospects en clients, en acheteurs multiples, en

fans et en véritables ambassadeurs de vos produits auprès de leur amis pour étendre votre notoriété comme une trainée de poudre.
Cliquez sur la couverture pour y accéder sur Amazon.fr:

GERER SES EMOTIONS FACILEMENT:
LA MAITRISE DE SOI FACILE POUR MOBILISER SES CAPACITES (MOTIVATION, CONFIANCE EN SOI...) A VOLONTE, INSTANTANEMENT.
Ne plus être esclave de vos états intérieurs (colère, stress, jalousie etc.) n'aura jamais été aussi facile et rapide qu'avec cette méthode qui va vous permettre de retrouver une parfaite maitrise de soi et de mobiliser instantanément n'importe qu'elle capacité.
Cliquez sur la couverture pour y accéder sur Amazon.fr:

TROUVER UNE NICHE LUCRATIVE SANS SE TROMPER:
LA NOUVELLE DEMARCHE POUR CREER UN BLOG DANS UN MARCHE DE NICHE ULTRA RENTABLE ET DEVENIR RICHE DU 1er COUP.
Tout ce qu'il vous faut pour bien choisir votre marché de niche pour être sûr de réussir, et ne pas commettre les erreurs des débutants qui se retrouvent ruinés au bout de 6 mois ou 1 an car ils ont choisi leur marché de niche en se basant sur les mauvais critères.
Cliquez sur la couverture pour y accéder sur Amazon.fr:

LA COMMUNICATION EFFICACE EN 60 MINUTES CHRONO:
DECOUVREZ LES TECHNIQUES SECRETES DE LA COMMUNICATION VERBALE ET
NON VERBALE POUR BRILLER DES CE SOIR.
Devenez un pro de la communication dans tous ses aspects, aussi bien
verbale que non verbale, en seulement 60 minutes chrono. Une
solution clés-en-main, facile, pour résoudre définitivement tous vos
problèmes de communication sans y passer des mois ou des années!
Cliquez sur la couverture pour y accéder sur Amazon.fr:

LA MEMOIRE FACILE INSTANTANEE:
AMELIORER SA MEMOIRE, MEMORISER COMME UN CHAMPION DES CE
SOIR SANS RIEN OUBLIER ET SANS EFFORTS.
Des exercices et stratégies faciles qui vont vous permettre d'utiliser vos
différentes mémoires à plein régime et mémoriser sans peine autant
d'informations que vous voulez...instantanément et sans les oublier,
comme le font les champions de la mémorisation.
Cliquez sur la couverture pour y accéder sur Amazon.fr:

TITRES QUI VENDENT:
DANS 47 MINUTES VOUS ECRIREZ DES TITRES FACEBOOK, ADWORDS,
BLOG, PAGE DE VENTE, EMAIL COMME UN PRO DU COPYWRITING!
Découvrez les secrets et les 101 meilleurs templates pour créer des titres chocs qui vont vous rapporter (très) gros, et acquérir les compétences des meilleurs copywriters en seulement 47 minutes!
Cliquez sur la couverture pour y accéder sur Amazon.fr:

VAINCRE SA TIMIDITE:
LA METHODE CHOC DES EXPERTS EN CONFIANCE EN SOIR POUR SORTIR
DE L'ENFER DE LA TIMIDITE FACILEMENT ET RAPIDEMENT.
Enfin une méthode pas-à-pas qui vous permet de vous libérer de votre timidité pour toujours, et d'obtenir ce magnétisme personnel que vous avez peut-être toujours cru réservé aux autres, tout ça rapidement et facilement.
Cliquez sur la couverture y accéder sur Amazon.fr:

SYSTEME AFFILIATION:
LA NOUVELLE FAÇON POUR ENFIN VIVRE DE SON BLOG PAR
L'AFFILIATION ET DEVENIR RICHE SANS CRÉER UN SEULPRODUIT.
Ce redoutable système d'affiliation est la preuve que l'affiliation fonctionne toujours à merveille pour les rares initiés qui savent l'utiliser de la bonne manière. Mettez enfin en place en seulement quelques jours une véritable machine à générer des revenus passifs sans jamais avoir à créer le moindre produit ni vous occuper du service après vente.
Cliquez sur la couverture y accéder sur Amazon.fr:

ECRIRE UN EBOOK IRRESISTIBLE EN UN WEEK-END:
LA NOUVELLE METHODE POUR ECRIRE UN LIVRE QUE LES LECTEURS
ADORENT, PRET A VENDRE LUNDI MATIN.
Laissez-vous guider par une procédure simple et d'une efficacité redoutable pour créer en seulement un week-end un ebook que les gens vont s'arracher, même si vous n'êtes pas expert dans un domaine.
Cliquez sur la couverture y accéder sur Amazon.fr:

DEVENIR RICHE EN 42 JOURS:
LA METHODE PAS-A-PAS POUR.GAGNER DE L'ARGENT SUR INTERNET ET
VIVRE SES REVES EN PARTANT DE RIEN.
Une méthode prouvée qui vous guide pas-à-pas et vous permet
d'atteindre votre indépendance financière en 42 jours grâce à Internet,
même si vous démarrez actuellement de rien. Un must à ne pas
manquer.
Cliquez sur la couverture y accéder sur Amazon.fr:

COMMENT SE CONCENTRER COMME EINSTEIN:
LE SECRET DES ETUDIANTS PARESSEUX POUR DECUPLER LA
CONCENTRATION ET
LA MEMOIRE AVEC LA TECHNIQUE DU DOCTEUR VITTOZ.
Ce best seller dans le top 100 des meilleures ventes d'Amazon vous
montrera la technique jadis utilisée par Einstein qui vous donnera le
pouvoir de vous concentrer sur ce que vous voulez aussi longtemps
que vous voulez.
Cliquez sur la couverture y accéder sur Amazon.fr:

COMMENT REUSSIR VOS EXAMENS:
LE POUVOIR INEGALE DE LA DYNAMIQUE MENTALE POUR FINIR PREMIER
DANS VOS ETUDES ET EXAMENS EN ETANT PARESSEUX.
Réussissez dès maintenant vos examens et vos études en découvrant la technique secrète utilisée par les plus grands sportifs internationaux. Spécialement adaptée ici à la réussite aux examens par des médecins et psychologues, elle vous propulsera parmi les meilleurs étudiants sans avoir à étudier davantage.
Cliquez sur la couverture y accéder sur Amazon.fr:

ACUPRESSION DE SECOURS:
SUPPRIMEZ IMMEDIATEMENT LE STRESS, LE MAL DE TETE, LE TROU DE
MEMOIRE PENDANT UN EXAMEN AVEC VOTRE DOIGT.
Soulagez vos douleurs et malaises immédiatement dès que vous en avez besoin et empêchez-les de vous faire rater un oral, un examen ou tout moment important de votre vie. 100% pratique, très clair et simple, ce livre est très certainement le meilleur investissement que vous puissiez faire pour votre santé et votre succès.
Cliquez sur la couverture y accéder sur Amazon.fr:

LA LECTURE RAPIDE EN 60 MINUTES CHRONO:
DOUBLER (OU TRIPLER) VOTRE VITESSE DE LECTURE N'A JAMAIS ÉTÉ AUSSI FACILE!
Utilisez les meilleures techniques des lecteurs les plus rapides pour augmenter votre vitesse de lecture de 100% dès aujourd'hui.
Cliquez sur la couverture y accéder sur Amazon.fr:

LA RELAXATION ZEN PROFONDE:
LA VOIE ROYALE POUR LA LIBERATION EMOTIONNELLE ET LE LACHER PRISE.
L'outil parfait pour aborder les situations du quotidien sereinement, et reprendre le contrôle de votre vie et de vos émotions dans le lâcher prise.
Cliquez sur la couverture y accéder sur Amazon.fr:

NUTRITION DETOX:
BIEN MANGER POUR UNE VIE DE PURE ENERGIE, FORME ET SANTE.
Plus jamais vous ne vous empoisonnerez à la malbouffe, et apprendrez les principes alimentaires qui vous redonnerons une énergie et une qualité de santé au-delà de vos espérances tout en vous faisant économiser des dizaines d'euros tous les mois.
Cliquez sur la couverture y accéder sur Amazon.fr:

LE MIND MAPPING FACILE:
MEILLEURE MEMOIRE, PRISE DE NOTE RAPIDE, BRAINSTORMING,
GESTION DE PROJET SANS EFFORT AVEC LES MIND MAPS.
Le Mind Map (ou carte heuristique) va révolutionner votre vie et votre mémoire en termes gain de temps, d'organisation et d'efficacité par un système puissant et redoutable de prise de notes et d'organisation de l'information autour de diagrammes basés sur la manière naturelle dont fonctionne votre cerveau. Un outil à posséder absolument.
Cliquez sur la couverture y accéder sur Amazon.fr:

L'ANGLAIS FACILE AVEC LE MIND MAPPING:
COMMENT APPRENDRE L'ANGLAIS ET N'IMPORTE QUELLE LANGUE
RAPIDEMENT SANS JAMAIS L'OUBLIER.
Si vous avez toujours eu du mal avec les langues ou que vous souhaitiez apprendre l'Anglais facilement et rapidement, cette

méthode innovante basée sur le Mind Mapping va très certainement vous y aider.

Cliquez sur la couverture y accéder sur Amazon.fr:

L'ESPAGNOL FACILE AVEC LE MIND MAPPING:
COMMENT APPRENDRE L'ESPAGNOL ET N'IMPORTE QUELLE LANGUE
RAPIDEMENT SANS JAMAIS L'OUBLIER.

La même chose que pour l'Anglais, mais cette fois c'est plutôt si vous souhaitez vous rendre là où les gens parlent Espagnol et apprendre cette langue facilement et rapidement à l'aide du Mind Mapping.

Cliquez sur la couverture y accéder sur Amazon.fr:

COMMENT SAUVER SON COUPLE EN UNE HEURE:
LA NOUVELLE MANIERE POUR EVITER LA RUPTURE AMOUREUSE ET
CREER UNE PASSION AMOUREUSE INTENSE.

Avant de penser à rompre, découvrez d'abord ce programme qui a déjà sauvé la relation amoureuse de plusieurs milliers de couples et évité de grandes souffrances de rupture, en seulement une heure.

Cliquez sur la couverture y accéder sur Amazon.fr:

www.ingramcontent.com/pod-product-compliance
Lightning Source LLC
Chambersburg PA
CBHW051340170526
45166CB00002B/890